Ce que les ados doivent savoir

- mais qu'ils n'apprennent pas à l'école

Laurie Avril
René Jacques

Table des matières

Préambule 5

La confiance en soi 11

Gérer les échecs 19

Les ami(e)s 23

Harcèlement 35

Les sentiments 39

L'argent et les finances 47

Faire la cuisine 57

La santé 67

Laver son linge 73

Tes parents 79

Une bonne communication 83

Le bon comportement à adopter sur Internet 91

Changer une ampoule 95

Mot de la fin 99

Préambule

À l'école, nous apprenons certainement beaucoup de choses utiles et importantes. Nous apprenons à calculer, à lire et à écrire. Nous apprenons beaucoup de choses sur la nature, les rivières et les montagnes, mais aussi sur les hommes et les animaux. Mais malheureusement, à l'école nous n'apprenons pas de nombreuses choses toutes aussi importantes. En effet, à quoi bon savoir calculer l'angle d'un triangle ou mémoriser les noms des hommes politiques et des philosophes les plus importants, si toutefois nous ne savons même pas comment gérer notre argent ou comment nous comporter en cas d'urgence ?

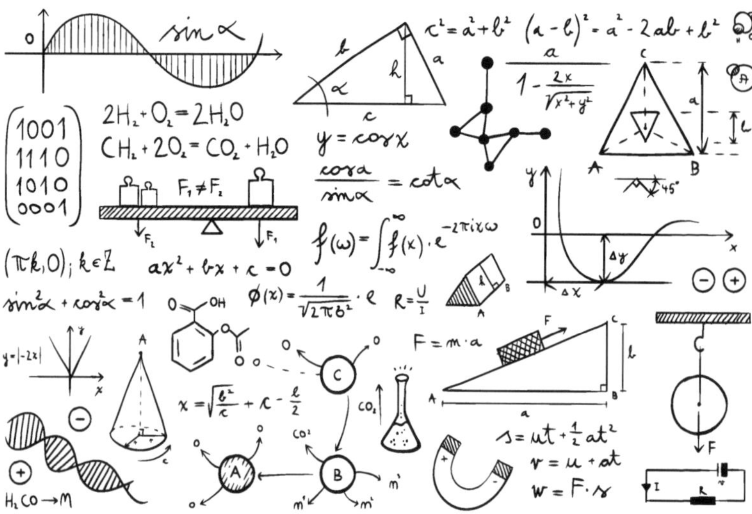

À l'école, nous acquérons beaucoup de connaissances. Les mathématiques, l'allemand, la géographie et les autres disciplines ne sont toutefois pas une préparation parfaite à la vie adulte.

Bien sûr, ces connaissances sont importantes, car elles permettent de mieux comprendre le monde. Mais il y a une chose importante que nous n'apprenons jamais à l'école :
A savoir comment gérer sa vie quotidienne et vivre une vie heureuse. C'est pourquoi certains adolescents quittent l'école sans savoir cuisiner, changer une ampoule ou développer une forte confiance en soi.

Le temps passe vite, tu verras. Tu seras bientôt adulte, toi aussi. Il faudra cuisiner, ranger, nettoyer, gagner de l'argent, écrire des e-mails, téléphoner et négocier des contrats. Mais ne crains rien. Elles font partie de la vie et tu apprendras à les maîtriser. Tu sais peut-être déjà faire certaines choses que seuls les adultes savent faire. C'est très bien ! Mais s'il y a des choses que tu ne maîtrises pas encore, ne t'inquiète pas. Ce livre t'aidera. Tu peux le considérer comme une sorte de mode d'emploi de la vie. Si tu as des difficultés sur un sujet particulier, tu peux simplement lire ce livre. Tu apprendras comment mener une vie autodéterminée et heureuse et tu verras que prendre ses propres responsabilités peut même être amusant.

Tu te souviens quand tu as dû apprendre à faire du vélo, à nager ou à lacer tes chaussures ? Au début, tout cela était difficile et compliqué pour toi. Mais aujourd'hui, ces choses ne te posent plus de problème et sont devenues des habitudes. Il en va de même pour les nouvelles compétences que tu apprendras dans ce livre. Tu gagneras peu à peu en confiance et en autonomie et tu dépendras de moins en moins de tes parents. Tu pourras enfin prendre ta vie en main ! Tu seras surtout fier de toi, de ce que tu as appris et du chemin que tu as parcouru.

Tu seras capable de surmonter seul les difficultés qui se dresseront sur ton chemin et de persévérer jusqu'à l'atteinte de tes objectifs.

Je te souhaite une bonne lecture.

« Toute situation difficile que tu affrontes maintenant te sera épargnée à l'avenir. »
Dalaï Lama

COMMENT LIRE CE LIVRE :

Les chapitres du livre sont indépendants. Tu peux aussi aller directement au chapitre qui t'intéresse si tu ne veux pas lire le livre du début à la fin.

La confiance en soi

Avoir confiance en soi, c'est croire en ses capacités et en son potentiel. Quand on a confiance en soi, on se sent capable de résoudre des problèmes et de surmonter des obstacles. On se sent bien dans sa peau et on est satisfait de soi-même.

Le problème, c'est qu'à l'adolescence, on se pose beaucoup de questions sur son rôle dans le monde. On se compare beaucoup aux autres et on doute de ses capacités. À ce stade, je vais te révéler un secret :

Tout le monde se retrouve parfois dans cette situation. Il est tout à fait normal de ressentir de temps en temps un manque de confiance en soi. Ce n'est pas grave et n'aie pas honte. Mais si ce sentiment persiste, il peut t'empêcher d'entreprendre de nouvelles activités et de mener une vie heureuse. La bonne nouvelle, c'est que la confiance en soi n'est pas une compétence acquise à la naissance. La confiance en soi peut être acquise par tout le monde au cours de sa vie.

**« S'il y a une conviction
qui peut déplacer des montagnes,
c'est bien celle de croire
en ses propres capacités. »**

Voici les principaux conseils pour gagner en confiance en soi :

Conseil 1 : Se comparer qu'à soi-même

Nombreux sont ceux qui ont tendance à se comparer constamment aux autres. Cela entraîne souvent un sentiment d'insécurité et d'insatisfaction vis-à-vis de son apparence, de ses capacités et finalement de sa vie.

Chacun d'entre nous est unique et différent à sa manière. Chaque personne a des conditions, des expériences, des vécus différents et ses propres valeurs et objectifs.

Il est donc inutile de se comparer à quelqu'un d'autre. Sur les réseaux sociaux en particulier, tout le monde se montre sous son meilleur jour et renvoie une image souvent éloignée de la réalité. Pense à cela la prochaine fois que tu passeras du temps sur Facebook, Instagram et autres.
Il n'y a qu'une seule personne à laquelle tu devrais vraiment te comparer : Toi-même !

Attention : s'inspirer d'autres personnes est une autre affaire. Avoir des modèles dont on peut s'inspirer est tout à fait acceptable et important.

« Laisse à une seule personne le soin de décider si tu es digne d'être aimé : TOI. »

Conseil n° 2 : Penser positivement

Nos pensées ont une grande influence sur nos émotions. Fais attention à la manière dont tu t'adresses à toi-même. Au lieu de te dire « je ne peux pas le faire », dis-toi « je ne peux pas encore le faire, mais je ferai de mon mieux ». Concentre-toi sur ce que tu peux faire et sur ce que tu veux accomplir dans la vie. Ne crains pas l'échec, car une vie sans échec n'existe pas. Même si on ne peut souvent pas l'imaginer : Les personnes qui ont le mieux réussi ont justement échoué au début de leur carrière. Mais elles ne se sont pas laissées abattre pour autant et ont continué. Le nombre de fois où tu tombes ne compte pas, tant que tu te relèves.

« Tu es la personne la plus importante de ta vie. Alors, traite-toi comme tel. »

Conseil n° 3 : Essayer de nouvelles choses

Si tu sors de temps en temps de ta zone de confort et que tu entreprends de nouvelles choses ou que tu rencontres de nouvelles personnes, tu remarqueras que ta confiance en toi augmente. Il suffit souvent de petites réussites pour faire bouger les choses. Tu n'as pas besoin d'escalader la plus haute montagne ou de courir un marathon. Tu peux commencer modestement et augmenter progressivement. Tu remarqueras tes progrès et tu seras fier de toi.

« La vie est trop courte pour se cacher. Tant que cela te semble juste, affirme-toi dans ce que tu fais. »

Conseil n° 4 : Se fixer des objectifs et les écrire

Fixe-toi des objectifs concrets et décline chacun de tes objectifs en objectifs secondaires plus petits, plus faciles à atteindre.

Exemple : Tu as pour objectif d'apprendre une nouvelle langue. Les objectifs secondaires que tu pourrais te fixer sont par exemple d'apprendre 20 minutes de vocabulaire par jour ou de regarder un film sous-titré dans cette langue chaque dimanche.

Exemple : Tu as pour objectif de devenir plus sportif et d'avoir un corps bien sculpté. Les objectifs secondaires que tu pourrais te fixer sont par exemple de faire de la musculation ou de travailler ton endurance pendant 1 heure trois fois par semaine ou de préparer un petit-déjeuner sain chaque matin.

Cette technique est particulièrement efficace si tu écris tes objectifs principaux et objectifs secondaires sur une feuille de papier. Les recherches montrent que les objectifs écrits ont 10 fois plus de chances d'être atteints que les objectifs que nous n'avons que dans notre tête. Donc, si tu as un objectif qui compte vraiment pour toi,

fais le premier pas et écris-le sur une feuille de papier. Tu peux ensuite placer cette feuille sur ton bureau ou à un autre endroit pour la voir plus souvent et te souvenir de ton objectif. Chaque objectif secondaire atteint renforcera ta confiance en toi et ta motivation. Célèbre tes réussites ! Chaque fois que tu atteins un objectif secondaire, célèbre-le avec tes amis ou offre-toi un petit plaisir. Ton cerveau associera ainsi l'effort à la joie.

Tu auras envie de continuer et tu te fixeras un jour de nouveaux objectifs encore plus ambitieux.

Gérer les échecs

Toute personne est confrontée un jour ou l'autre à l'échec. Même si cela semble pénible sur le moment, les échecs font tout simplement partie de la vie. Tu as peut-être reçu une mauvaise note ? Tu as peut-être perdu un match important ? Tu as peut-être envie de pleurer et tu as l'impression d'avoir échoué ? Tu ressens de la colère, de la douleur et tu es triste.

Mais même si tu ne veux pas le croire sur le moment, chaque échec peut aussi être une véritable aubaine. Dans ce chapitre, je t'explique comment gérer les échecs et pourquoi les échecs ne sont pas si graves. Tu trouveras ici un guide sur la gestion des échecs et des revers. Si tu ne te sens pas bien, lis ce chapitre et tiens compte de ces conseils. Cela t'aidera.

1. Essayer de se distraire et de rire

Actuellement, tu ne te sens pas bien. C'est normal. Mais t'enfermer dans ta chambre pendant des jours et te lamenter n'est pas non plus la bonne solution. Pour l'instant, arrête de broyer du noir, sors et pense à autre chose. Fais du sport, va te promener ou sors avec des amis. Tu peux aussi regarder un film drôle. Plus tu rigoles, mieux c'est.

« Le rire est le meilleur remède au monde. »

2. Accepter l'échec

Après s'être un peu distrait et, je l'espère, s'être changé les idées, il faut accepter l'échec. Vis dans le présent et non dans le passé. Ce qui est fait est fait. Malheureusement, tu ne peux pas revenir en arrière. Ce que tu peux faire, en revanche, c'est apprendre de tes erreurs. Lorsque tu sens que le bon moment est arrivé, regarde en arrière et observe tes sentiments afin d'accepter peu à peu ta douleur. Tu peux aussi raconter à ton entourage ce que tu as vécu. Parfois, cela fait du bien d'évacuer toute la frustration.

« Il n'y a qu'une seule façon d'éviter la défaite : Ne rien faire, ne rien dire, ne rien être. Mais ce n'est pas vivre. »

3. Être fier de soi-même

Arrête de te faire des reproches ou d'avoir honte. Arrête de te dire que tu n'as pas eu de chance ou que tu es un raté. Au contraire, sois fier de toi. Car un échec signifie que tu as essayé. Tu as pris un risque et c'est merveilleux !
Une personne qui n'échoue jamais ne fait rien de sa vie.

« L'arbre tordu vit sa vie, l'arbre droit finit en planche. »

4. Essayer de voir le bon côté de l'échec

Les plus grandes réussites de notre vie sont souvent dues à une série d'échecs. C'est étrange, n'est-ce pas ? Pourtant, de nombreuses personnes célèbres ont connu des déceptions et des fiascos avant de réussir. Si tu as bien compris les causes de tes échecs, tu en tireras de nombreuses leçons qui te permettront d'évoluer et de ne pas répéter les mêmes erreurs. Si toi aussi tu parviens à considérer les échecs comme des opportunités d'apprentissage, tu ne souffriras plus de l'échec. Tu n'en auras plus peur.

**« La plus grande erreur
que l'on puisse faire dans la vie,
c'est d'avoir constamment peur de faire
une erreur. »**

Les ami(e)s

Tes parents et ta famille sont certainement très importants pour toi. Mais en grandissant, tu voudras bien sûr passer plus de temps avec tes amis. Les amis sont très importants. Tu auras de nouvelles expériences et rira beaucoup avec eux, ce qui te rendra heureux. Mais ce n'est pas si facile de se faire de nouveaux amis, surtout quand tu arrives dans une nouvelle école, un nouveau club ou une nouvelle ville et que tu ne connais personne. Ne t'inquiète pas, dans ce chapitre, tu apprendras à te faire de nouveaux amis. Même si tu es timide, tu peux te faire des amis. Je vais te montrer comment :

SE FAIRE DES AMIS

Trouve des activités qui te plaisent. Tu pourras ainsi plus facilement rencontrer des personnes qui ont les mêmes hobbies que toi. Tu seras plus heureux en faisant quelque chose qui te plaît et tu rencontreras des personnes qui ont les mêmes centres d'intérêt que toi. Il sera donc beaucoup plus facile d'engager la conversation avec eux. Sois ouvert et ne te cache pas. Si tu es dans un nouvel endroit et que tu gardes constamment la tête baissée, personne n'osera t'aborder. Relève la tête, regarde les gens et souris joyeusement. Un sourire montre que tu veux rencontrer de nouvelles personnes. Engage-toi dans une conversation. Tu ne dois pas avoir peur. Si tu es souriant et avenant, personne ne te repoussera. Les gens te trouveront sociable et sympathique. Le résultat est donc bien meilleur que de rester assis dans un coin !

Montre ton intérêt pour les autres et pose des questions. Les gens aiment parler d'eux-mêmes. Si tu les écoutes sincèrement, ils te seront reconnaissants. C'est une bonne nouvelle si tu es timide ou introverti : tu n'as pas besoin d'être un grand orateur pour te faire des amis ! Pose des questions et laisse les autres parler. Les gens aiment ceux qui savent écouter !

Propose ton aide. Si tu vois que quelqu'un s'est perdu ou est occupé, propose-lui ton aide. Même si la personne refuse ton aide, elle appréciera ton attention. C'est un bon moyen d'engager la conversation avec la personne et peut-être de te faire un nouvel ami.

Nouer des relations est une compétence précieuse. Mais tu n'en profiteras pas seulement dans ta vie privée. Dans le monde du travail aussi, il est très apprécié que tu puisses engager facilement la conversation avec les gens. Si tu es un jour à la recherche d'un emploi, cette aptitude sera un atout majeur pour toi.

« L'amitié est une porte entre deux personnes. Elle peut parfois se coincer, elle peut grincer, mais elle n'est jamais fermée. »

JOCHEN MARISS

ENTRETENIR DES AMITIÉS

Avoir beaucoup de bons amis ne se fait pas du jour au lendemain. Cela demande du temps et des efforts. Après avoir appris comment rencontrer de nouvelles personnes, tu trouveras ici quelques conseils pour construire des amitiés durables.

1. Rester en contact

Pour préserver une amitié, tu dois t'efforcer de rester en contact régulièrement avec ton ami(e). Cela peut se faire par des rencontres physiques, mais aussi par des e-mails, des SMS, les réseaux sociaux ou des appels téléphoniques. Il existe de nombreuses occasions de contacter quelqu'un, par exemple pour lui souhaiter un bon anniversaire, une bonne année ou simplement pour prendre de ses nouvelles. Si tes ami(e)s ne te contactent pas, ne fais pas de suppositions inutiles. Ne dis pas tout de suite qu'ils ne t'aiment pas ou qu'ils n'ont pas de temps à te consacrer. Appelle-les, invite-les et demande-leur clairement et gentiment s'ils sont occupés en ce moment afin d'éviter tout malentendu.

2. **Prendre le temps de voir ses amis**

Si ton ami(e) t'appelle et souhaite te rencontrer, prends un peu de temps pour répondre à sa demande, même si tu es très occupé(e) ou si tu préfères être seul(e). Sois un bon ami ou une bonne amie et sois disponible pour les autres.

3. **Écouter attentivement**

Prends le temps d'écouter ce que tes amis ont à dire et montre de l'intérêt pour ce qu'ils font. Pose-leur des questions et ne les interromps pas lorsqu'ils te parlent. Sois respectueux. Même si tu n'es pas d'accord avec tes amis, écoute-les et laisse-les s'exprimer. Respecte les opinions divergentes.

4. Être positif

Tu peux bien sûr discuter de tes problèmes avec tes ami(e)s. Les ami(e)s sont aussi là pour ça. Mais attention : personne n'aime être entouré de quelqu'un qui se plaint tout le temps. Essaie de voir la vie du bon côté et de répandre une ambiance positive. Personne n'aime être entouré de personnes qui se plaignent constamment ou qui dénigrent les choses.

5. Être honnête

N'essaie pas de cacher des choses à tes ami(e)s ou de leur mentir. Une amitié forte repose sur la confiance mutuelle. Sois toi-même.
Inutile de jouer un rôle, sois le plus naturel possible.

« Le véritable ami est celui qui marche à tes côtés quand le reste du monde te tourne le dos. »

WALTER WINCHELL

CHOIX DES AMIS

Les amitiés devraient être basées sur la confiance, le respect et l'honnêteté. Si tu te sens mal avec un(e) ami(e) ou si vous êtes constamment en conflit ou entrain de vous disputer, votre relation peut être néfaste. Il existe malheureusement aussi de faux amis qui peuvent te faire beaucoup de mal. Mais comment peux-tu savoir si une amitié est bonne ou mauvaise ? Cette liste te le dira :

1. Tu as un bon ami ou une bonne amie si tu peux partager tes sentiments et tes pensées : Il/elle t'écoute, même si vous n'êtes pas d'accord tout le temps sur des points. Il/Elle ne se moque pas de toi et tu es pris au sérieux. Ton ami(e) n'essaie pas de te changer ou de te forcer à faire quelque chose que tu ne veux pas.

« Les bons moments deviennent meilleurs et les mauvais moments sont oubliés grâce à la magie salutaire de l'amitié. »

MAEVE BINCHY

2. Tu as un(e) bon(ne) ami(e) si tu peux lui faire confiance : Tu te sens en sécurité avec lui/elle. Il/Elle ne te fait pas de mal et tu peux même partager tes plus grands secrets et souhaits. Tu te sens soutenu(e) et ton ami(e) fait ce qu'il/elle peut pour que tu te

sentes bien et que vous passiez un bon moment.

3. Tu t'amuses : lorsque tu rencontres ton ami(e), tu te sens bien. Tu ris, tu fais des blagues et tu oublies pour un moment tous tes soucis.

Voilà, tu sais maintenant comment reconnaître une bonne relation d'amitié. Si tu ne te sens pas à l'aise dans une relation, prends tes distances avec la personne. Personne ne t'oblige à passer du temps avec des ceux qui ne sont pas bien pour toi. C'est ta vie et tu as le choix.

« La vie est comme un voyage en train. Beaucoup de gens montent, beaucoup de gens descendent. Mais peu te suivent jusqu'à la destination finale. »

INCONNU

LORSQUE TU RENDS VISITE À UN AMI

Si un(e) ami(e) t'invite chez lui/elle, tu devrais le/la remercier. Si tu rencontres ses parents ou d'autres membres de la famille, présente-toi. Dis ton nom et serre-leur la main. Respecte les règles de la maison, même si elles sont plus strictes que chez toi. Par exemple, si la famille enlève ses chaussures lorsqu'elle entre dans la maison, fais de même. Si tu n'es pas sûr de quelque chose, demande poliment.

Lorsque tu repars, essaie de rencontrer tous les membres de la famille et de leur dire au revoir, c'est plus poli que de partir sans dire un mot.

LORSQU'UN(E) AMI(E) TE REND VISITE À LA MAISON

Si tu invites un(e) ami(e), présente-le(la) à ta famille. Certaines personnes sont plutôt timides et ne veulent pas se présenter elles-mêmes. Aide donc ton ami(e) à le faire. Offre-lui quelque chose à boire et/ou à manger.
Si vous voulez faire une activité collective, faites

plusieurs propositions et décidez ensuite ensemble. Demande par exemple : « Tu préfères jouer au foot à l'extérieur ou écouter de la musique à l'intérieur ? » Fais en sorte que ton ami(e) se sente bien chez toi. Il/Elle viendra alors volontiers te rendre visite à nouveau.

LES SORTIES AVEC TES AMI(E)S

Si tu fais une excursion ou si tu es avec tes amis, tu dois respecter les règles suivantes pour ta sécurité :

Veille à ce qu'il y ait toujours quelqu'un qui sache où tu vas et avec qui. Si, par exemple, tu décides de t'éloigner de tes ami(e)s pendant une excursion, dis-leur ce que tu as prévu de faire. Mais le mieux est de toujours rester avec tes ami(e)s et de ne pas vous séparer.

Avant de sortir, prends toujours avec toi un téléphone et le numéro de téléphone d'un adulte que tu peux contacter en cas d'urgence.

Ne rentre jamais seul à la maison le soir. Fais-toi toujours accompagner ou demande à tes parents de venir te chercher. Évite également les quartiers peu fréquentés, car si tu as des problèmes, tu as moins de chances de trouver de l'aide.
Ne sors qu'avec des ami(e)s de confiance et dans des endroits où tu te sens en sécurité. Si tu ne te sens pas à l'aise ou en sécurité, éloigne-toi de la zone que tu fréquentes ou appelle un adulte.

Respecte les accords passés avec tes parents. S'ils te demandent d'être à la maison à une certaine heure, arrange-toi pour arriver à l'heure. Ainsi, tu gagneras peu à peu leur confiance et tu auras plus de liberté.

Reste en contact avec tes parents. Appelle-les ou envoie-leur un SMS quand tu arrives ou quittes ton lieu de sortie.

Harcèlement

Il n'y a pas que des ami(e)s dans la vie. Malheureusement, il y a aussi des personnes avec lesquelles tu ne t'entends pas bien. C'est tout à fait normal. De nombreux jeunes de ton âge sont victimes de harcèlement. Selon de récentes études, près d'un écolier sur trois a déjà été victime d'intimidation. Les victimes ne savent souvent pas comment réagir. Elles pourraient être enclines à avoir peur, à s'isoler et à souffrir. Le harcèlement ne se limite pas à la violence physique, les attaques verbales telles que les insultes en font également partie. Aucune de ces formes de violence n'est acceptable. Si tu te reconnais comme victime d'harcèlement, ne tarde pas à réagir.

COMMENT SE COMPORTER EN CAS DE HARCÈLEMENT ?

Parle-en à un adulte, comme tes professeurs, ou à un(e) ami(e). Ce n'est pas parce que tu dénonces une personne que tu es un mouchard. Tu dois absolument arrêter la violence avant qu'elle ne se termine mal. Cela vaut aussi bien si tu es victime de harcèlement que si tes amis sont victimes de harcèlement. Sois un bon ami et aide-le/la. C'est une preuve de courage et de vraie grandeur !

Éloigne-toi tout d'abord de l'harceleur. Ce ne sera pas facile s'il se trouve dans ta classe, mais pour ta propre sécurité, évite autant que possible les lieux et les situations où tu pourrais le rencontrer. Ensuite, tu dois en discuter avec une personne de confiance. Parle à tes parents ou à tes professeurs. Ceux-ci clarifieront en général tout le reste pour toi. Tu peux être sûr(e) que les enseignants prennent généralement tout type de harcèlement très au sérieux. N'aie donc pas peur de le faire et exprime-toi. Cela peut demander du courage et de l'effort, mais c'est la meilleure façon de mettre fin au harcèlement.

CYBERHARCÈLEMENT

Le cyberharcèlement est un nouveau type d'intimidation que l'on trouve sur Internet, par exemple sur Instagram, Facebook ou TikTok.

Des photos ou des vidéos sont diffusées qui ridiculisent la victime ou des messages et des commentaires insultants sont envoyés. Si tu es victime de cyberharcèlement, tu ne dois pas rester seul. Tu as de la famille, des amis et des connaissances qui ne veulent que ton bien et qui t'aideront toujours.

QUE FAIRE EN CAS DE CYBERHARCÈLEMENT ?

Ne réponds pas aux commentaires, car la situation pourrait s'envenimer. Conserve toutes les preuves de l'intimidation. Conserve les e-mails, les photos et fais des captures d'écran. Bloque la personne qui te harcèle afin qu'elle ne puisse plus te contacter. Parle de la situation avec un adulte en qui tu as confiance. C'est extrêmement important et c'est le meilleur moyen d'arrêter le harcèlement. Contacte les réseaux sociaux concernés. Ils prennent le harcèlement très au sérieux, car ils sont tenus par la loi d'empêcher le harcèlement. Ils supprimeront les contenus inappropriés et prendront les mesures appropriées.

Les sentiments

Ce chapitre est consacré à tes émotions et à tes sentiments. Nous éprouvons des milliers d'émotions jour après jour. Certaines émotions nous accompagnent pendant un certain temps, d'autres au contraire disparaissent rapidement.

Tous tes sentiments sont légitimes, même si parfois ton entourage ne les comprend pas. Tu as le droit d'éprouver parfois de la tristesse, cela ne fait pas de toi une personne faible. Tu as également le droit d'être en colère, cela ne fait pas de toi une personne mauvaise ou méchante. Ne refoule pas tes sentiments. Chaque émotion peut et doit être ressentie.

RAGE

Souvent, la colère survient lorsque nos besoins ne sont pas respectés par les autres. Nous nous emportons par exemple si quelqu'un nous dénigre, si quelqu'un nous ment ou si quelqu'un ne se soumet pas aux règles. Parfois, nous nous emportons aussi face à des situations injustes que nous ne comprenons pas. La colère est un sentiment qui monte très vite et très fort en nous.

La colère est une émotion fascinante, car elle nous montre ce qui nous tient vraiment à cœur. Mais malheureusement, la colère peut aussi faire de gros dégâts. Lorsque l'on est en colère, on a tendance à être violent ou à dire des choses que l'on ne dirait jamais. C'est pourquoi il est si important de contrôler les crises de colère.

Tout d'abord, éloigne-toi de la situation qui t'a mis en colère. Isole-toi pendant quelques minutes. Respire profondément pour apaiser ta colère. Assieds-toi ou, de préférence, allonge-toi. Réfléchis à ce qui s'est passé et à ce qui t'a mis en colère. Cherche à comprendre la raison de la réaction spontanée provoquée par l'autre personne, par exemple le besoin ou la valeur qu'elle n'a pas respecté. Maintenant que tu connais la raison de ta colère, évite les situations qui pourraient la déclencher.

STRESS

Il est tout à fait normal d'être stressé(e) de temps en temps. Dans la plupart des situations, le stress est au contraire bénéfique ! Par exemple, si tu es stressé(e) avant un examen, cela signifie que tu es prêt(e) à faire de ton mieux pour réussir l'examen. Le stress t'aide à surmonter les obstacles et à relever les défis. Ne considère pas le stress comme ton ennemi. Il est impossible d'éviter d'être stressé(e) de temps en temps. Mais si le stress devient envahissant, il peut te déstabiliser. Tu dois par conséquent apprendre à gérer ton stress.

Voici comment tu peux évacuer ton stress :

1. Respire profondément et régulièrement. Le stress peut faire oublier de respirer. Lorsque tu oxygènes ton corps, la tension physique se relâche. Fais

quelques exercices de respiration. Cela ne doit pas durer longtemps. Il suffit souvent d'inspirer et de respirer consciemment cinq fois. Essaie de le faire ! 1, 2, 3, 4, 5. Comment te sens-tu maintenant ?

2. Pour faire face au stress, ton corps a besoin d'une alimentation saine et de suffisamment de sommeil. En outre, l'activité physique est la meilleure façon de se détendre et d'évacuer le stress. Fais quelques exercices de jumping, quelques pompes ou va faire une promenade. Tu verras que le stress disparaîtra.

3. Si tu es stressé par un événement futur, tel qu'un examen à l'école, prépare-toi à l'événement qui te stresse. Entraîne-toi autant que possible. Mieux tu seras préparé, moins tu seras stressé le jour J.

ÊTRE HEUREUX

Il n'y a pas de privilégiés qui ne vivent que des moments agréables, ni de perdants condamnés à être déprimés toute leur vie. Être heureux est une chose qui s'apprend et se pratique. Ce chapitre aborde le thème du maintien de la positivité, même dans les moments difficiles.

« Il n'y a pas de chemin vers le bonheur. Le bonheur est le chemin. »

BOUDDHA, FONDATEUR DU BOUDDHISME

Écoute ton propre cœur et fais ce qui te rend heureux.

Premièrement, identifie ce que tu aimes. Il vaut mieux faire des choses qui te rendent heureux et qui te passionnent que de faire des choses qui ne t'intéressent pas. Je sais que c'est un secret de polichinelle. Pourtant, nombreux sont ceux qui ne suivent pas leur propre voie à cause de l'opinion des autres. N'attends pas l'approbation de ton entourage pour faire ce que tu veux faire. Nous voulons tous être appréciés et aimés, mais si nous nous fions à ce que les autres pensent de nous, nous adaptons notre vie à leurs attentes. C'est malheureusement souvent la recette pour être malheureux. Quoi que tu veuilles réaliser dans la vie, crois-y fermement. Peu importe ce que les autres pensent de toi, reste fidèle à ton objectif !

Regarde le bon côté des choses.

La vie a ses hauts et ses bas. C'est le cas pour tout le monde. Mais les gens heureux savent comment gérer les bas et voir le positif en toutes circonstances. Être heureux est un état d'esprit. N'attends pas d'être heureux ou satisfait. Choisis d'être heureux. La perception du verre à moitié plein ou à moitié vide relève de ta volonté personnelle. Si tu prends du recul et que tu observes ta vie, tu trouveras toujours quelque chose de positif. Pour prendre conscience des choses positives dans ta vie, une solution consiste à tenir un journal de gratitude dans lequel tu écris chaque jour ce pour quoi tu es reconnaissant. Cela peut te paraître étrange, mais si tu fais cet exercice régulièrement, tu t'habitueras à porter ton attention davantage sur les bons moments. En écrivant les belles choses de ta vie, tu apprécieras ce que tu as déjà et tu réaliseras que toi aussi, tu as de la chance. Pour quelle raison es-tu reconnaissant ?

**Pense plutôt à ce que tu as,
plutôt qu'à ce qui te manque !**

MARC AURÈLE, EMPEREUR ET PHILOSOPHE ROMAIN

L'argent et les finances

Il est très important de savoir gérer son argent très tôt. Même si l'argent n'est pas la chose la plus importante dans la vie, il est indispensable. Il faut payer la nourriture, le logement, le chauffage, Internet et bien d'autres choses encore. Malheureusement, l'école ne nous apprend pas à gérer l'argent et tout ce qui va avec.

En suivant les conseils de ce chapitre, tu apprendras rapidement à gérer efficacement tes finances et à préparer ton avenir. Tu apprendras à gagner de l'argent, à en économiser et à le dépenser raisonnablement. Ce sont trois compétences fondamentales que tu dois acquérir pour ta vie d'adulte.

ÉTABLIR UN BUDGET

Nous allons commencer par nous pencher sur la création d'un budget. Un budget n'est rien d'autre qu'un aperçu. Tu écris les revenus que tu gagnes et les dépenses que tu effectues. Tu te fais une idée de tes revenus et aussi de tes charges courantes.

Étape 1.
Fais la somme de tous tes revenus. Par revenus, on entend l'argent que tu vas gagner ou que tes parents vont te donner : par exemple de l'argent de poche, de l'argent pour un job d'été, pour Noël, pour ton anniversaire, etc.

Étape 2.
Maintenant, additionne toutes les dépenses et frais planifiés : par exemple, abonnement mobile, Internet, bonbons, vêtements, etc.

Étape 3.
Compare tes revenus et tes dépenses.
Si tes revenus sont supérieurs aux dépenses prévues, tout va bien. A toi de voir ce que tu fais du surplus d'argent. Tu peux l'épargner (nous y reviendrons) ou le dépenser.

Si, au contraire, tes dépenses prévues sont supérieures à tes revenus, tu dois adapter ton budget. Soit tu gagnes plus d'argent, par exemple en faisant un stage rémunéré ou en distribuant des journaux, soit tu réduis tes dépenses.

Tu penses peut-être que tout cela est très simple et logique. Mais dans la pratique, de nombreux jeunes et adultes n'y arrivent pas. En effet, il est facile de perdre la vue d'ensemble quand on a plus de 20 dépenses différentes. De plus, on oublie souvent que certaines dépenses sont récurrentes, par exemple les abonnements mobiles, la connexion Internet ou les applications payantes comme Netflix ou Spotify. Il en résulte un endettement, un découvert sur la carte de crédit et ensuite des intérêts à payer. Tout cela entraîne beaucoup de stress et d'ennuis. Pourtant, tout pourrait facilement être évité si l'on établissait un budget. C'est une habitude que tu devrais adopter le plus rapidement possible, car elle te sera très utile plus tard, à l'âge adulte.

CE À QUOI IL FAUT FAIRE ATTENTION EN FAISANT SES COURSES

Voici quelques conseils à suivre lorsque tu fais tes achats sur Internet, dans les magasins ou au supermarché.

1. Prends ton temps pour faire tes achats. Sur Internet en particulier, tu peux acheter un produit en un seul clic. Mais avant de cliquer immédiatement sur « Commander », prends encore un peu plus de temps. Demande-toi si tu as vraiment besoin de l'objet et si tu peux te le permettre. Prends une journée entière pour prendre ta décision. Dors peut-être une nuit de plus. Tu verras que l'on change souvent d'avis rapidement et que l'on regrette ensuite son achat. Prends le temps de réfléchir à tes priorités et de déterminer si l'achat est vraiment important pour toi.

2. Pour les achats importants, tu devrais prendre l'habitude de demander d'abord à tes parents s'ils sont d'accord.

3. Compareles prix et fais attention aux offres spéciales. Tu pourras ainsi économiser de l'argent.

4. Lorsque tu achètes sur Internet, tu dois lire les commentaires et regarder les avis au préalable. Si un produit a beaucoup de mauvaises évaluations, tu devrais être prudent.

5. Il y a malheureusement beaucoup d'escrocs sur Internet. C'est pourquoi, pour des raisons de sécurité, tu dois vérifier la fiabilité du site avant d'entrer tes coordonnées bancaires. Il est donc important qu'un adulte soit à tes côtés pour t'aider. Grâce à ces sites, tu peux vérifier si une entreprise en ligne est une arnaque ou non :
    - https://www.scamadviser.com/fr/
    - https://fr.trustpilot.com/

POURQUOI ÉPARGNER

Épargner signifie mettre régulièrement de l'argent de côté. Cela peut paraître ennuyeux, mais c'est l'une des compétences les plus importantes que tu peux apprendre pour te préparer à ta vie d'adulte.

Si tu mets 10 € de côté chaque mois, tu auras économisé

120 € à la fin de l'année. Tu peux t'en servir pour acheter un objet que tu veux depuis longtemps.

Pour que tu ne sois pas démotivé à épargner, tu dois trouver un vrai stimulant, par exemple un jeu vidéo, un vélo, un vêtement. Mais tu peux aussi viser plus haut. Imagine que tu as 14 ans aujourd'hui. Si tu parviens à économiser 20 € chaque mois, tu auras économisé 240 € chaque année. Dans 4 ans, quand tu auras 18 ans, cela fera 960 €. Avec cet argent, tu pourrais t'acheter une voiture d'occasion pour ton 18e anniversaire. À ton avis, à quel point impressionnerais-tu ton entourage si tu pouvais t'offrir ta propre voiture si tôt ? Cet exemple montre que même des sommes d'argent relativement faibles peuvent devenir conséquentes avec le temps, si l'on est discipliné.

Voici un autre conseil important concernant l'épargne : Place ton argent sur un compte bancaire. En règle générale, les banques proposent des comptes d'épargne à partir de 12 ans. Tes parents doivent toutefois être d'accord pour que tu ouvres un tel compte. Lorsque tu déposes de l'argent à la banque, tu reçois des intérêts sur ton argent. Cela signifie que ton argent augmente lentement, sans que tu aies à faire quoi que ce soit. En voyant tes économies augmenter, tu auras du plaisir à mettre encore plus d'argent de côté.

COMMENT FONCTIONNENT LES TAUX D'INTÉRÊT ?

Exemple : tu places 100 € sur ton compte d'épargne avec un taux d'intérêt de 10%.
(Remarque : un taux d'intérêt de 10% est très élevé et actuellement irréaliste. Ce taux d'intérêt a été utilisé ici pour simplifier le calcul.)

À la fin de la première année, la banque te donne 10 € (car 10% de 100 € font 10 €). Au total, tu as donc 110 €. L'année suivante, il y a ce que l'on appelle les « intérêts composés ».

À la fin de la deuxième année, tes intérêts sont calculés par rapport à ton nouveau capital de 110 €. Tu recevras un intérêt de 11 € (car 10% de 110 € font 11 €). Ton nouveau capital sera donc de 121 €.

Ensuite, cela continue pendant les années suivantes. Tu vois qu'avec le temps, ton argent se multiplie de plus en plus vite. C'est pourquoi il est primordial de commencer à épargner tôt. Après environ 8 ans, ton argent aura à peu près doublé et tu posséderas plus de 200 €. Après 25 ans, les 100 € seront même devenus 1000 € ! Plus tu laisses ton argent sur ton compte, plus il te rapportera d'argent.

Faire la cuisine

Dans ce chapitre, tu apprendras à cuisiner. Savoir cuisiner est une compétence précieuse dans la vie. Elle te permet de t'amuser, d'économiser de l'argent et est bien plus saine que de manger des produits transformés. Avec un peu de pratique, tu seras en mesure de préparer de délicieux plats pour toi et tous ceux que tu aimes.

Mais avant de commencer, voici quelques remarques pour ta sécurité. Cuisiner est une activité qui peut être très amusante. Pour que cela ne tourne pas au cauchemar, tu devrais lire ces conseils avant de te mettre au fourneau.

1. Demande à tes parents de t'expliquer au préalable comment fonctionnent les appareils ménagers ou les objets tranchants, afin de ne pas te mettre en danger.
2. Tourne les poignées de ta casserole ou de ta poêle vers l'intérieur de la plaque de cuisson afin qu'elles ne puissent pas être renversées.
3. Utilise des gants ou une serviette épaisse lorsque tu mets ou retires un plat d'un four chaud, afin d'éviter les brûlures.
4. Ne mets pas d'eau dans un récipient contenant de l'huile chaude, car cela provoquerait des éclaboussures d'huile qui pourraient causer de

graves brûlures.

5. Cela peut paraître évident, mais c'est pourtant important : lave-toi les mains avant de commencer à cuisiner ! Une multitude de germes et de bactéries peuvent se trouver sur tes mains. La seule solution pour éviter de tomber malade ou de contaminer tes invités est de te laver soigneusement les mains à l'eau chaude et au savon.
6. Tu dois être prudent lorsque tu manipules de la viande crue. Elle peut en effet être contaminée par des bactéries ou des parasites. Or, ces derniers peuvent provoquer de graves intoxications alimentaires. Pour éviter cela, tu dois te laver soigneusement les mains avant et après avoir manipulé de la viande et toujours bien nettoyer les couteaux et les planches qui ont été en contact avec la viande.
7. Pour éviter de te couper, les doigts de ta main qui ne tient pas le couteau doivent être recroquevillés et légèrement pliés vers l'arrière.

Notions de base importantes :
Tu dois connaître ces notions, car elles sont souvent utilisées dans les livres de cuisine ou les recettes. Donc, si tu veux cuisiner un plat, tu dois comprendre les notions suivantes.

Faire cuire des aliments : Cuire un aliment dans une poêle ou une casserole dans de l'eau frémissante.
Cuisson à la vapeur : cuisson d'un aliment à l'aide de vapeur d'eau. On porte de l'eau à ébullition dans une

casserole et on place une passoire avec l'aliment à cuire sur la casserole. Lors de la cuisson à la vapeur, l'aliment n'entre pas en contact avec l'eau. L'avantage de la cuisson à la vapeur par rapport à la cuisine classique est que davantage de vitamines sont conservées et ne sont pas perdues dans l'eau comme c'est le cas lors de la cuisson.

Faire frémir : Faire cuire un aliment très lentement et très longtemps dans un peu de liquide.

Faire frire la viande : Faire cuire un aliment dans une poêle très chaude avec du beurre, de l'huile ou de la graisse.

Faire revenir un aliment : Faire cuire un aliment dans une poêle avec un peu d'huile à feu moyen ou élevé pendant une minute. Tu peux par exemple faire cuire des pommes de terre d'abord dans de l'eau, puis les faire revenir dans un peu d'huile.

Faire un barbecue : Faire cuire un aliment sur un gril.

Tu connais maintenant toutes les bases pour cuisiner de bons petits plats. Il n'est pas facile de commencer à cuisiner. Parfois, on est déçu par ses premiers essais, même si l'on suit la recette à la lettre. Cuisiner demande de la patience.
Il est souvent indispensable d'essayer une recette plusieurs fois avant de l'apprécier vraiment. Essaie

d'abord des recettes très simples. Tu verras que même les plats les plus simples peuvent être très bons.

Voici 10 recettes faciles pour les débutants en cuisine :

Spaghetti à la sauce tomate :
Faire cuire les spaghettis dans de l'eau salée selon les instructions figurant sur l'emballage.
Dans une autre poêle, faire revenir l'ail haché dans l'huile d'olive.
Ajouter les tomates concassées en boîte, le sel et le poivre. Laisser mijoter jusqu'à ce que la sauce épaississe.
Verser la sauce sur les spaghettis cuits.

Sandwich au fromage grillé :
Beurrer deux tranches de pain.
Placer une tranche de fromage entre les tranches de pain.
Griller le sandwich dans une poêle ou sur une plaque de gril jusqu'à ce que le fromage fonde et que le pain soit doré.

Crêpes :
Mélanger la farine, la levure chimique, le sel, le sucre, le lait et un œuf dans un saladier.
Chauffer une poêle antiadhésive à feu moyen.
Verser la pâte dans la poêle et la faire légèrement revenir jusqu'à ce que des bulles se forment à la surface, puis la retourner et laisser cuire jusqu'à ce qu'elle soit légèrement dorée.

Œufs brouillés :
Casser deux œufs dans un bol et les battre avec du sel et du poivre.
Chauffer une poêle antiadhésive à feu moyen.
Verser le mélange d'œufs dans la poêle et remuer constamment jusqu'à ce que les œufs soient fermes.

Salade :
Couper la salade, les tomates, les concombres et les autres légumes souhaités en petits morceaux.
Mélanger avec la vinaigrette de ton choix et remuer.

Légumes rôtis :
Couper les légumes comme les pommes de terre, les

carottes et les poivrons en morceaux de la taille d'une bouchée. Assaisonner avec de l'huile d'olive, du sel et du poivre. Faire griller au four préchauffé à 220 °C pendant 25-30 minutes.

Poulet cuit au four :
Assaisonner les poitrines de poulet avec du sel, du poivre et de l'huile d'olive.
Cuire au four préchauffé à 190 °C pendant 20-25 minutes.

Rôti remué :
Couper les légumes et la viande en morceaux de la taille d'une bouchée.
Chauffer l'huile dans une poêle ou un wok à feu vif.
Ajouter les légumes et les morceaux de viande et les faire cuire en remuant constamment jusqu'à ce qu'ils soient cuits.
Ajouter la sauce (par exemple la sauce soja ou la sauce d'huître) et continuer à remuer jusqu'à ce que tout soit bien mélangé.

Smoothie :
Réduire des fruits congelés en purée (p. ex. des baies ou des bananes) avec du lait, du yaourt et du miel ou mettre les ingrédients dans un mixeur. Attention : ne

jamais mettre la main dans le mixeur tant que l'appareil est branché sur le courant.

Omelette :
Battre deux œufs avec du sel et du poivre dans un bol.
Chauffer une poêle antiadhésive à feu moyen.
Verser le mélange d'œufs dans la poêle et ajouter les garnitures souhaitées (comme le fromage ou les légumes) sur un côté.
À l'aide d'une spatule, replier l'omelette au milieu et la faire cuire jusqu'à ce que le fromage soit fondu.

FAIRE LA VAISSELLE

Après avoir cuisiné et mangé, tu devrais faire la vaisselle pour des raisons d'hygiène. Si tes parents n'ont pas de lave-vaisselle ou si tu n'as que quelques couverts et ustensiles à nettoyer, tu trouveras ici quelques conseils pour les laver à la main.

Étape 1 :
Dépose la vaisselle dans l'évier
Mets ta vaisselle sale dans l'évier.

Étape 2 :
Remplis l'évier d'eau.
Place le bouchon dans l'évier pour empêcher l'eau de s'écouler et remplis l'évier d'eau chaude avec une goutte de liquide vaisselle.

Étape 3 :
Nettoie ta vaisselle.
Frotte les couverts, les verres, les poêles et les casseroles avec une éponge, puis rince-les rapidement à l'eau.

Étape 4 :
Sèche ta vaisselle avec un chiffon
C'est terminé ! Maintenant, tu sais comment garder ta vaisselle propre.

La santé

La santé est l'une des choses les plus importantes dans la vie. Il est donc important que tu saches comment rester en bonne santé et en forme. Ce n'est pas une question d'image ou de beauté.

Les trois choses les plus importantes pour ta santé sont l'exercice physique, une alimentation saine et un sommeil suffisant.

En suivant ces trois principes, tu te sentiras bien physiquement et le risque de tomber malade diminuera. Un mode de vie sain a également un impact sur ton psychisme. Tu seras plus enclin à sourire à la vie et à être heureux. Un corps sain cache un esprit sain et vice versa !

« La santé n'est pas tout, mais sans elle, on n'est rien. »

ARTHUR SCHOPENHAUER

LE MOUVEMENT

L'exercice physique te permet de renforcer tes muscles, d'améliorer ta force et ton endurance, mais aussi de brûler des calories et donc de la graisse. En outre, cela libère des hormones du bonheur. Elles te permettent de te sentir moins stressé(e) et de meilleure humeur. L'exercice régulier est bon pour toi ! Fais au moins une heure d'exercice par jour. Cela ne doit pas nécessairement être une heure en continu, tu peux aussi faire plusieurs petites séances d'entraînement. Marche, course, danse, musculation ou vélo. Tes possibilités sont illimitées, alors sois créatif et varie les plaisirs. Il y en a pour tous les goûts ! Rejoindre un club ou un groupe est une très bonne option, car cela te permet de te faire de nouveaux amis et de renforcer ta confiance en toi. Si aucun sport ne te plaît, tu ne dois pas non plus te forcer à en pratiquer un. L'important, c'est que tu fasses de l'exercice.

Le moyen le plus simple de faire de l'exercice régulièrement est de marcher davantage ou de faire du vélo. Chaque fois que tu le peux, troque le bus ou la voiture contre la marche ou le vélo.

UNE ALIMENTATION SAINE

Tu devrais éviter de manger des aliments trop gras ou trop sucrés. Si tu manges mal de temps en temps, ce n'est pas grave. Ne sois donc pas trop sévère avec toi-même. Cela ne devient un problème que si tu te nourris durablement de produits finis et de trop de sucre.

Voici quelques conseils pour une alimentation plus saine :

Prends un bon petit-déjeuner le matin : cela stimule ton métabolisme et fait le plein d'énergie pour toute la journée. Il t'évite également d'avoir faim dans la matinée et de te jeter sur les gâteaux, les boissons sucrées ou les barres chocolatées. Voici une idée pour un petit-déjeuner équilibré : des flocons d'avoine avec un peu de miel et une banane ou une pomme. Mange autant de légumes que tu veux. Les légumes sont une excellente source de vitamines et de minéraux. Ils sont également

riches en fibres et donc bons pour la digestion, et ils sont peu caloriques.
Limite les aliments et les boissons sucrés. Le sucre favorise l'obésité et peut même, à la longue, provoquer certaines maladies.

Mange moins de produits ultra-transformés. Il s'agit notamment des produits industriels ultra-transformés tels que les plats préparés, les bonbons, les chips, les sodas ou les gâteaux préemballés. Ils contiennent généralement très peu de nutriments, mais beaucoup de sucre, ce qui favorise le surpoids et l'obésité.

Bois beaucoup d'eau. Le savais-tu : le corps humain est composé à plus de 70% d'eau. Un apport suffisant en liquide est donc vital ! La quantité d'eau que tu devrais boire chaque jour dépend de ton activité physique, de la température et de ton poids. Mais pour te donner une idée approximative, tu devrais boire environ 2 litres d'eau par jour.

DORMIR

Comme dit précédemment, tu fais du bien à ton corps en mangeant sainement et en faisant suffisamment d'exercice. Mais ce n'est pas tout ! Ton corps a également besoin d'une bonne dose de sommeil pour se reposer et se régénérer. Pendant que tu dors, ton corps a fort à faire : il se remet des fatigues de la journée, recharge tes réserves d'énergie et profite de ce temps pour renouveler tes cellules.

En moyenne, une personne a besoin de 7 à 10 heures de sommeil par nuit. Très peu de personnes peuvent se contenter de moins de sommeil sans avoir de problèmes de santé à long terme. Si tu ne dors pas assez, il se peut que tu sois plus fatigué. Tu auras plus de mal à te concentrer et à garder une bonne mémoire. Ton système immunitaire aura tendance à s'affaiblir et tu seras plus vulnérable aux maladies.

Donc, si tu veux avoir une bonne journée et être de bonne humeur, tu devrais dormir convenablement. Comment faire ? Couche-toi et lève-toi à des heures régulières chaque jour, afin que ton cerveau comprenne quand il est temps de dormir et quand il est temps de se lever. Trouve une petite routine avant d'aller te coucher pour que ton cerveau comprenne qu'il est bientôt l'heure de dormir. Tu peux par exemple te brosser les dents, prendre une douche et aller lire. Évite les écrans avant d'aller te coucher, car ils émettent une lumière bleue qui retarde l'endormissement. Veille à ce que ta chambre soit calme, sombre et fraîche. La température idéale pour dormir se situe entre 16 et 21 °C. Avant de te coucher, aère ta chambre en ouvrant les fenêtres pendant quelques minutes afin de renouveler l'air dans ta chambre et d'avoir ainsi un air plus sain.

Laver son linge

Laver son linge en machine est relativement simple : il suffit de mettre tes vêtements dans le tambour, d'ajouter la lessive et de mettre la machine en marche sur le bon cycle. Il y a toutefois quelques règles à respecter pour que tes vêtements soient lavés correctement. Toutes les machines à laver sont différentes. Tu devrais donc regarder attentivement comment fonctionne la tienne.

La plupart des options de lavage concerne la température, la durée et la vitesse d'essorage. Un cycle de lavage à 30 degrés permet d'économiser de l'électricité et suffit pour presque tous les types de vêtements. À cette température, ton linge ne sera pas endommagé. Les vêtements foncés ou très colorés ne doivent être lavés qu'à basse température afin d'éviter qu'ils ne se décolorent. En outre, tu devrais séparer le linge blanc et le linge de couleur afin que les vêtements colorés ne déteignent pas. Ne surcharge pas la machine.

Le tambour devrait être rempli au maximum aux trois quarts de vêtements. Trop remplir le tambour, c'est prendre le risque d'endommager ton linge et la machine. Retire rapidement les vêtements après le lavage et ne les laisse pas dans la machine. Sinon, l'humidité générera de mauvaises odeurs.

Si tu n'as pas de machine à laver, ce n'est pas un problème. On peut aussi laver ses vêtements sans machine. Pour cela, procure-toi une bassine de lavage dans laquelle tu mets de l'eau tiède et un peu de savon. Trempe tes vêtements dans la bassine et laisse-les reposer dans la bassine pendant environ 10 minutes. Après 10 minutes, rince le vêtement dans la baignoire ou la douche pour qu'il n'y ait pas de résidus de savon.

Peu importe si tu as lavé les vêtements dans la machine à laver ou autrement : Il faut ensuite étendre le linge humide. Le mieux est d'avoir un étendoir sur lequel tu accrocher chaque vêtement. Si tu n'étends pas ton linge, il risque de dégager une odeur désagréable. Ouvre les fenêtres, car l'humidité de ton linge va envahir ton appartement et peut être à l'origine de moisissures. Tu peux aussi étendre ton linge à l'extérieur si tu as un jardin ou un balcon.

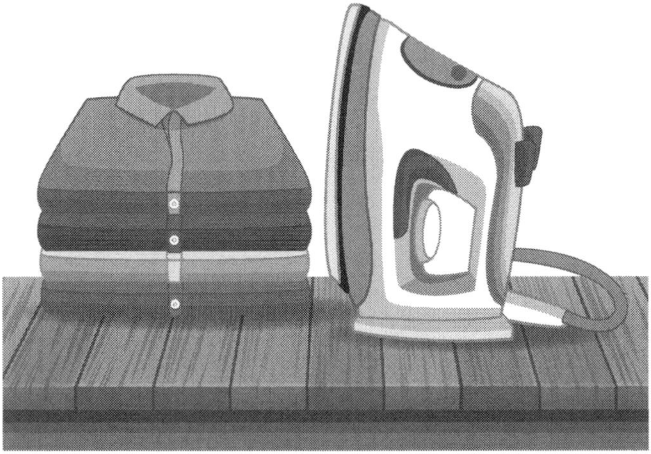

Une fois que ton linge a séché, tu dois le repasser, surtout les vêtements qui doivent être lisses, comme les chemises ou les pantalons de costume.

Après le repassage, tu as presque terminé. Il ne te reste plus qu'à plier le linge et à le ranger dans ton armoire. Voici comment plier ton linge :

T-shirts et pulls : plie d'abord les bras, puis plie le T-shirt ou le pull de bas en haut.

Pantalons et caleçons : plie-les en deux, puis plie-les de bas en haut.

Les chaussettes : Le plus simple est d'enfiler une chaussette par-dessus l'autre, de saisir la partie supérieure d'une chaussette et de l'enfiler par-dessus l'autre.

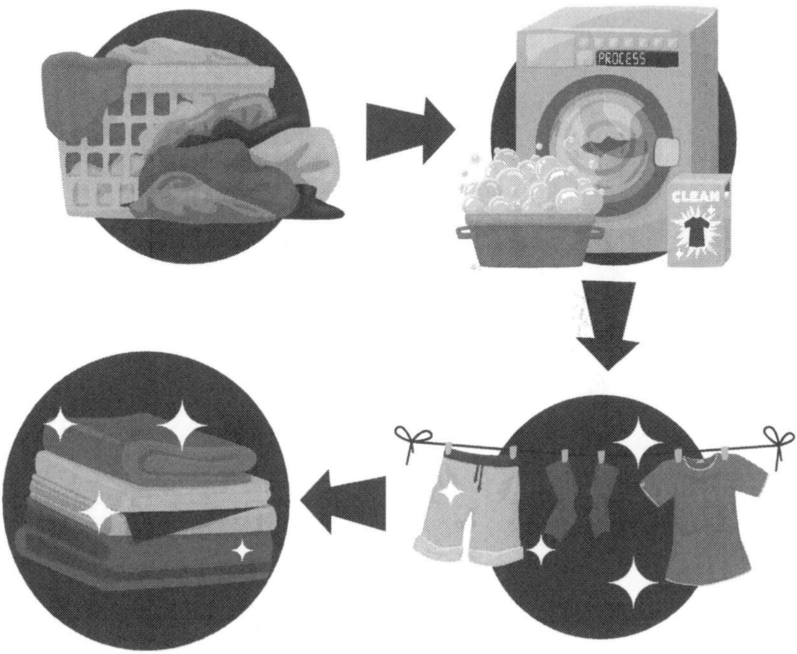

Tes parents

La puberté se caractérise par la recherche de sa propre identité et la volonté de devenir indépendant. En grandissant, il est fort probable que tes relations avec ta famille changent. La puberté peut être plus ou moins difficile à gérer. Il se peut que tu éprouves des sentiments contradictoires à l'égard de tes parents.

Parfois, tu souhaites quitter la maison et mener ta propre vie selon tes propres règles. Mais inversement, il arrive que tu ressentes le besoin que tes parents soient à tes côtés et que tu sois très heureux de les avoir avec toi. Cette contradiction peut susciter l'incompréhension de tes parents. Ils ne se souviennent peut-être pas de leur adolescence. Ils peuvent aussi craindre que tu dérapes. Même si tu es maintenant plus âgé, les parents ont toujours le sentiment de devoir te protéger. Et à juste titre ! Il se peut donc qu'ils ne gèrent pas bien ton besoin de plus d'autonomie et de liberté. Cela conduit souvent à des conflits entre les adolescents et leurs parents.

Si tu parviens à exprimer ton besoin d'autonomie tout en les rassurant, tes parents te comprendront et répondront plus facilement à tes désirs. Mais tes parents ne te donneront plus de liberté que s'ils peuvent te faire confiance. Tu dois leur prouver que tu es devenu une personne raisonnable. Comment y parvenir ? Il y a un certain nombre de choses auxquelles tu dois faire attention :

Tout comme tes parents doivent être compréhensifs

avec toi, tu dois aussi essayer de comprendre tes parents. Tes parents t'aiment et tu es ce qu'ils ont de plus précieux. Il est donc normal qu'ils s'inquiètent pour toi et qu'ils aient peur que tu te blesses dans le monde extérieur. Accepte les conditions de tes parents et respecte les engagements que tu prends. Tu ne dois en aucun cas mentir à tes parents ou leur cacher la vérité. Par exemple, si tu veux aller en ville avec tes amis l'après-midi et que tes parents sont d'accord, mais sous certaines conditions, accepte ces conditions et respecte-les. Plus tu respecteras tes engagements envers tes parents, plus ils te considéreront comme digne de confiance et t'accorderont des libertés.

Exprime-toi avec respect et écoute-les. Même si cela peut parfois être difficile. Tu devrais aussi les écouter comme tu souhaiterais qu'ils t'écoutent. Prends le temps d'expliquer ce que tu ressens. S'ils refusent de faire ce que tu leur demandes, il y a de fortes chances qu'ils aient peur pour toi, que ce soit justifié ou non. C'est une preuve de leur amour. S'ils ne t'aimaient pas, ils s'en moqueraient. Sois patient et gagne peu à peu leur confiance avant de reformuler ta demande.

De même, ne t'éloigne pas trop de tes parents. Passe du temps avec eux. Essaie de participer un peu à la vie de famille. Tu leur montreras ainsi que tu ne les négliges pas complètement et qu'ils sont importants pour toi. Sois disponible pour les tâches ménagères. Tu leur montreras ainsi que tu fais toujours partie de la famille.

Ils t'en seront reconnaissants.

Dis à tes parents que tu leur es reconnaissant et que tu les aimes. Aucune famille n'est parfaite. Mais en tant qu'adolescent, tu n'as peut-être pas conscience de tout ce que tes parents ont fait et continuent de faire pour toi. Si tu t'entends bien avec les membres de ta famille, ils resteront à tes côtés et te soutiendront. Dis-leur que tu les aimes. Tes parents seront heureux de l'entendre de temps en temps ! Surtout si cela vient sincèrement et du fond du cœur.

« Tu dois être reconnaissant pour les petites choses, et tu seras digne d'en recevoir de plus grandes. »

THOMAS A KEMPIS

Il est important que tu puisses bien communiquer avec les autres. C'est probablement la compétence

Une bonne communication

la plus importante que tu dois acquérir. Que ce soit pour ta vie privée ou ta future vie professionnelle : La communication est la clé du succès. La communication est l'art et la manière dont tu utilises les mots pour communiquer quelque chose à quelqu'un. Une bonne communication t'aide à bien expliquer tes sentiments, à instaurer la confiance et à éviter les doutes ou les malentendus. La plupart des problèmes peuvent être résolus en suivant quelques règles de base.

Les règles d'or d'une bonne conversation :

Tout d'abord, tu devrais ranger ton téléphone portable. En effet, si tu regardes constamment un écran, ton interlocuteur pensera que tu n'es pas disposé(e) à lui parler.

Apprends à écouter attentivement ce que te dit ton interlocuteur ou ton interlocutrice. Cela ne signifie pas seulement écouter, mais aussi se concentrer sur ce qu'il/elle dit. C'est ce qu'on appelle l'écoute active.

80% de la communication est non verbale, ce qui signifie que nous communiquons beaucoup via notre posture. Fais donc attention à ta posture. Relève la tête et regarde ton interlocuteur dans les yeux. Tiens-toi droit, ou assieds-toi bien droit si tu es assis sur une chaise. Un sourire est un signe d'assurance et de confiance en soi. Ton débit de parole ne doit être ni trop lent ni trop rapide. Parle assez fort pour que l'on t'entende bien. Filme-toi en monologue. Tu pourras ainsi voir l'effet que tu produis sur les autres et si tu parles trop vite ou trop lentement.

Exprime clairement tes opinions ou tes sentiments, sans être impoli ou agressif. N'aie pas non plus peur de dire « non » si tu ne veux pas faire quelque chose. Si c'est plus facile pour toi, tu peux aussi demander du temps de réflexion avant de répondre : « Je vais y réfléchir et je te donnerai ma réponse plus tard. »
Plus tard, tu pourras envoyer un message écrit dans lequel tu diras « je suis désolé. Mais je ne veux pas. »

Le plus important est d'écouter attentivement ton interlocuteur et de lui poser quelques questions. Les gens aiment parler d'eux-mêmes. N'aie donc pas peur de poser beaucoup de questions. Les gens adoreront engager la conversation avec toi.

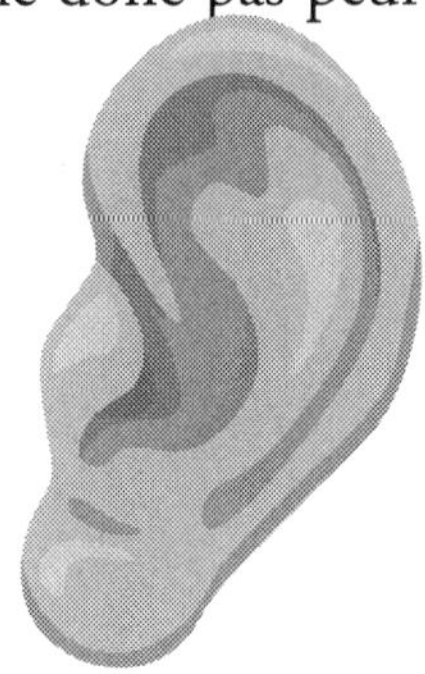

TÉLÉPHONER

Beaucoup de personnes sont angoissées et n'aiment pas parler au téléphone. Pourtant, il est extrêmement important de savoir comment se comporter au téléphone. En effet, le téléphone est très utilisé pour prendre des rendez-vous, demander des informations et des renseignements et bien d'autres choses encore. Voici quelques conseils sur les étapes à suivre pour mener une conversation téléphonique en général :

Au début de la conversation : Salue la personne à l'autre bout du fil et dis ton nom à ton interlocuteur. « Bonjour, je suis (ton prénom et ton nom) » ou « Bonjour Monsieur ou Madame ..., c'est (ton prénom et ton nom) ».

Lorsque tu appelles pour prendre un rendez-vous, exprime clairement ta demande. « Est-il possible d'obtenir un rendez-vous ? », « J'aimerais avoir un rendez-vous pour ... ».

À l'instar d'une conversation entre amis, tu ne dois pas interrompre ton interlocuteur/trice pendant qu'il/elle parle. Laisse-le/la finir ses phrases.
Ne fais rien d'autre pendant que tu es au téléphone. Élimine toutes les distractions. Sinon, ton interlocuteur remarquera que toute ton attention n'est pas portée sur la conversation téléphonique. C'est impoli et pas très agréable pour ton interlocuteur.

Prenez poliment congé de votre interlocuteur avant de raccrocher. « Je vous remercie pour ... et vous souhaite une bonne journée ».

RÉDIGER UN MAIL

Il n'est pas seulement important de savoir comment passer un bon appel téléphonique. De nos jours, nous utilisons de plus en plus les e-mails pour communiquer avec les autres. Quelle que soit la raison de ton e-mail, l'essentiel est qu'il soit clair, concis et courtois. De plus, il y a quelques formalités à respecter, surtout si tu écris un e-mail à des entreprises, des sociétés ou des institutions gouvernementales.

Rédige un objet de 5 à 7 mots pour que le destinataire comprenne immédiatement de quoi il s'agit. L'objet est la ligne supérieure de ton e-mail.
Exemples d'un objet approprié :

- Inscription pour le tournoi de football du 21.6.23
- Informations sur la facture d'électricité du 1.4.23
- Demande de rendez-vous chez le coiffeur

Après l'objet, tu dois écrire :
Bonjour Madame + nom de famille, (pour une femme)
ou Chère Madame + nom de famille
ou
Bonjour Monsieur + nom de famille, (pour un homme)
ou Cher Monsieur + nom de famille

Notez que : Il y a toujours une virgule après le nom !

Voilà pour les formalités essentielles. Tu peux maintenant écrire ton e-mail.

Voici quelques phrases pour commencer :

- « J'aimerais prendre rendez-vous avec vous pour ... »
- « Je me permets de vous contacter au sujet de ... ».
- « J'aimerais savoir quel est ... ».
- « Pourriez-vous me dire si ... » ?
- « Pourriez-vous m'indiquer si cela est possible pour vous et quand vous êtes disponible ».

A la fin de l'e-mail, tu peux encore écrire
« Je vous remercie d'avance de votre réponse. Je vous

souhaite une bonne journée ».

« Cordialement, (prénom et nom) »

Important : avant d'envoyer ton e-mail, relis tout ce que tu as écrit et corrige tes erreurs si tu en trouves.

POSTER UNE LETTRE

Ecrire des lettres se fait de plus en plus rare. Pourtant, il est toujours important aujourd'hui de savoir comment écrire et poster une lettre. En ce qui concerne le contenu de la lettre, les mêmes règles en vigueur pour un e-mail s'appliquent. Veille à utiliser la bonne formule de politesse et à conclure correctement. Pour poster ta lettre, il te suffit de la glisser dans une enveloppe affranchie. Sur le recto de l'enveloppe, tu marqueras l'adresse du destinataire. Et au dos de l'enveloppe, tu inscris ton adresse. Il ne te reste plus qu'à coller un timbre et à faire poster ta lettre par la poste !

Le bon comportement à adopter sur Internet

Voici les principales règles à respecter pour surfer en toute sécurité sur Internet.
Protège ta vie privée. Ne communique jamais tes informations personnelles (ton adresse, ton numéro de téléphone et ton mot de passe) à des personnes que tu ne connais pas. Garde l'anonymat en utilisant des pseudonymes plutôt que ton vrai nom.

Protège-toi des escroqueries. Sur Internet, il existe malheureusement de nombreux criminels qui tentent de s'emparer de ton argent ou de tes données personnelles ou qui veulent te contraindre à ouvrir un fichier contenant un virus informatique. Il est fréquent que des inconnus t'envoient des e-mails pour te dire, par exemple, que tu as gagné à la loterie. Méfie-toi si quelque chose semble trop beau pour être vrai. Il s'agit presque toujours d'une escroquerie. Parfois, l'escroc se fait passer pour une banque ou une compagnie d'assurance et te demande d'actualiser tes données. Son objectif est de voler des informations sur toi. Si tu as le moindre doute, demande conseil à un adulte. Si quelqu'un te demande ton mot de passe ou d'autres données de connexion, ne donne jamais ces informations. Ne parle jamais à des inconnus en ligne. Si un inconnu s'adresse à toi et que ses messages te semblent étranges, parles-en immédiatement à un adulte.

Choisis un mot de passe sûr. Ne choisis pas ta date d'anniversaire ou ton nom. Essaie de trouver un mot de passe long d'au moins 12 caractères. Il est préférable d'utiliser une série de lettres majuscules, de symboles et de chiffres. Note ton mot de passe sur une feuille de papier et conserve-la en lieu sûr afin de ne jamais oublier un mot de passe. Essaie d'utiliser des mots de passe différents pour les différents sites auxquels tu dois te connecter. Cela augmente le niveau de sécurité et si quelqu'un devine ton mot de passe, il ne pourra pas l'utiliser pour tous tes autres comptes.

Ne télécharge tes applications que sur des sites fiables comme l'App Store ou Google Play. Certaines applications malveillantes peuvent en effet utiliser des trackers pour accéder à ta localisation, ton microphone, ton appareil photo ou même tes photos. Mets régulièrement à jour les logiciels et les applications. Les mises à jour servent à protéger ton appareil contre les failles de sécurité.

Internet n'oublie rien. Tout ce que tu publies sur les

réseaux sociaux peut potentiellement être vu, partagé et parfois même déformé par des milliers de personnes. Même si tu supprimes ta publication, quelqu'un peut l'avoir copiée ou fait une capture d'écran. Avant de publier quelque chose en ligne, demande-toi d'abord si tu serais content que tout le monde puisse le voir. Si la réponse est « non », ne le publie pas.

Respecte sur Internet les mêmes règles que dans la vie réelle. Tu dois respecter les autres et les traiter comme tu aimerais être traité(e) par eux. Les lois s'appliquent aussi sur Internet. N'oublie pas que tu dois respecter les mêmes lois que dans la vie réelle.

LES INFLUENCEURS

Il est important de ne pas faire aveuglément confiance aux influenceurs sur Internet, car ils présentent souvent une image déformée de la réalité. De nombreux influenceurs ont pour objectif de vendre leur marque et leur image plutôt que de donner un aperçu honnête et authentique de leur vie et de leurs opinions. De plus, les influenceurs peuvent être influencés par le sponsoring et les contrats publicitaires, ce qui peut fausser leurs déclarations et leurs recommandations. Il est donc conseillé au consommateur de faire preuve d'esprit critique vis-à-vis de ce que disent et font les influenceurs et de recueillir des informations auprès de plusieurs sources fiables avant de prendre des décisions sur la base de leurs déclarations.

Changer une ampoule

Tu apprendras ici comment remplacer en toute sécurité une ampoule grillée. Ce n'est pas difficile, mais si tu ne sais pas comment faire, cela peut être dangereux. De nombreux accidents se produisent et des personnes meurent parfois en tombant et en se cognant la tête. Pour éviter que cela ne t'arrive, suis les conseils suivants :

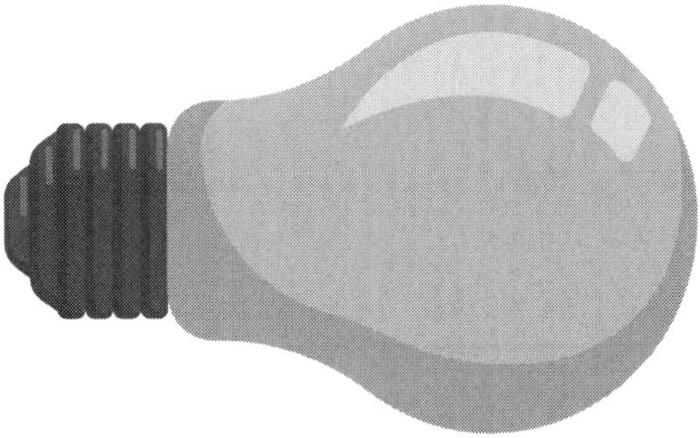

Assure-toi que tes mains sont sèches. Si tu portes des gants isolants, c'est encore mieux ! Emporte également un escabeau ou un tabouret solide si ta lampe est placée en hauteur. Éteins ensuite la lumière, car même si l'ampoule est grillée, le support continue de conduire l'électricité et tu pourrais te faire électrocuter. C'est pourquoi tu dois couper l'électricité par mesure de sécurité. Pour ce faire, cherche le tableau électrique de ton appartement et éteins l'interrupteur. Retire ensuite l'ampoule. S'il s'agit d'une ampoule à vis, il te suffit de la tourner. S'il s'agit d'une ampoule avec bouchon à pression, tu dois d'abord la pousser, puis la tourner. Remplace l'ampoule qui ne fonctionne plus par la nouvelle ampoule. Si tu n'en as pas, il faudra acheter une nouvelle ampoule dans un supermarché ou un magasin de bricolage. Tu devrais emporter l'ampoule grillée ou te procurer toutes les informations la concernant pour être sûr d'acheter le même modèle. N'hésite pas à demander des informations à un vendeur si tu ne sais pas quoi faire.

Mot de la fin

Tu as réussi ! Tu as fait un grand pas en avant vers une vie autonome et indépendante. Tu peux maintenant faire beaucoup de choses que même certains adultes ne maîtrisent pas complètement. Tu as maintenant toutes les clés en main pour devenir plus indépendant dans ta vie quotidienne. Tu connais maintenant une douzaine de conseils et d'astuces qui t'aideront tout au long de ta vie. Tout ce que tu as appris et essayé plusieurs fois finira par devenir une habitude. Tu n'auras même plus besoin de réfléchir.

Souviens-toi de l'époque où tu étais encore petit. Tu as appris des choses qui te paraissent très simples aujourd'hui, mais qui n'étaient pas du tout évidentes à l'époque. Tu as dû faire de nombreuses tentatives avant d'y arriver. Mais à force d'efforts et de persévérance, tu y es parvenu. Il en va exactement de même pour les thèmes présentés dans ce livre. Tu dois les essayer plusieurs fois avant de les maîtriser. Avec chaque chose que tu apprends et chaque progrès que tu fais, tu avanceras dans la vie avec plus d'assurance. Tu entreras dans l'âge adulte avec beaucoup plus de sérénité. Tu es maintenant prêt à prendre ta vie en main, avec beaucoup plus de confiance en toi qu'auparavant. N'oublie pas que le plus important est de prendre soin de toi. Pour pouvoir profiter pleinement de la vie, tu dois avant tout te sentir bien dans ta peau. N'oublie jamais que tu es unique, merveilleux et important pour ce monde. Et ce, exactement comme tu es ! Profite de ta jeunesse et amuse-toi !

« Tout finit par rentrer dans l'ordre. Si ce n'est pas le cas, ce n'est pas encore la fin. »

OSCAR WILDE

« Si tu as l'impression que la vie est un théâtre, choisis un rôle qui te plaît vraiment. »

WILLIAM SHAKESPEARE

Impression

Ce que les ados doivent savoir - mais qu'ils n'apprennent pas à l'école

ISBN: 9798394221835
Première édition 2023

Printed in France by Amazon
Brétigny-sur-Orge, FR

15323321R00059